AF230345

ORAISON FUNÈBRE

DE

MGR LOUIS-FRANÇOIS ROBIN,

ÉVÊQUE DE BAYEUX ET LISIEUX,

Prononcée le 8 Janvier, jour de ses Obsèques,

En présence de Mg^r BLANQUART DE BAILLEUL, Archevêque de Rouen,

DANS L'ÉGLISE CATHÉDRALE DE BAYEUX,

Par M. l'Abbé V. HUGOT,

Chanoine de Bayeux, Missionnaire apostolique.

DÉPÔT LÉGAL
Calvados
N° 16
1856

CAEN,

CHENEL,	DELOS,
Libraire de Mg^r l'Evêque de Bayeux et Lisieux.	Imprimeur de Mg^r l'Evêque de Bayeux et Lisieux.
Pont St-Pierre, 16.	Cour de la Monnaie.

1856.

PERMISSION.

Nous, Vicaires-généraux capitulaires du Diocèse de Bayeux, le siége vacant,

Heureux que M. l'abbé Hugot, chanoine de la cathédrale de Bayeux, ait cédé à nos instances et au vœu général, en consentant à livrer à la publicité l'Oraison funèbre de Monseigneur Robin, qu'il a prononcée le jour des obsèques de ce Prélat et qui a été entendue avec une si vive satisfaction ;

Accordons par la présente à M. Hugot, conformément aux lois canoniques, la permission de faire imprimer ladite Oraison funèbre.

Donné à Bayeux, sous notre seing, le sceau du Chapitre et le contre-seing de notre Secrétaire, le 14 janvier 1856.

Michel,   J.-M. Rivière,

V.-g. c.   *V.-g. c.*

Par mandement :

Verrier,

Pro-Sec.

AVIS DE L'AUTEUR.

J'obéis aux plus vives et aux plus respectables sollicitations en livrant à la publicité ce discours funèbre, tout en reconnaissant que son principal intérêt était dans la présence du cercueil chéri sur lequel il a été prononcé. Le lecteur, plus exigeant justement qu'un auditoire attendri, ne manquera pas d'y remarquer les traces d'une composition rapide et presque improvisée dont la circonstance m'imposait la nécessité.

Mais on a pensé que le souvenir de Mgr Robin ne pourrait être propagé sans répandre dans les âmes le parfum de la piété chrétienne. Puisse cet opuscule, quelle qu'en soit la forme, contribuer à un but si désirable !

ORAISON FUNÈBRE

DE

MGR LOUIS-FRANÇOIS ROBIN,

ÉVÊQUE DE BAYEUX ET LISIEUX,

Prononcée le 8 Janvier, jour de ses Obsèques,

En présence de Mg^r BLANQUART DE BAILLEUL, Archevêque de Rouen,

DANS L'ÉGLISE CATHÉDRALE DE BAYEUX.

Mementote præpositorum vestrorum........ quorum intuentes exitum conversationis, imitamini fidem.

Souvenez-vous de vos pasteurs, et considérant leur sortie de la vie, imitez leur foi.

(S. Paul aux Hébreux, ch. XIII, v. 7.)

MONSEIGNEUR ,

Ainsi le grand Apôtre voulait que chaque chrétienté naissante gardât précieusement le souvenir des saints Évêques qui l'avaient présidée, comme une exhortation permanente à l'imitation de leur foi. *Mementote*, etc.

En élevant donc aujourd'hui la voix, comme l'organe de notre Eglise veuve, au milieu d'une assemblée si imposante, en présence des hauts représentants de l'autorité souveraine, devant le prince auguste de notre province ecclésiastique, ce n'est pas, mes Frères, un devoir humain et profane que j'accomplis : je ne viens pas seulement, en épanchant mon cœur dans l'éloge du pasteur qui nous a quittés, chercher un stérile soulagement à la douleur de l'absence. Un sentiment plus digne de cette chaire m'y a fait monter, de cette chaire dont les saints Pères disent qu'elle n'est guère moins vénérable que l'autel. Certes, Messieurs, les mensonges de l'adulation, même sur une tombe, seraient ici une profanation coupable ; bien plus, les louanges les plus justes, elles-mêmes, n'ont le droit de s'y faire entendre qu'autant qu'elles peuvent profiter aux âmes. La chaire doit toujours rester un écho du Ciel. *Mementote*, etc.

Heureux, chrétiens mes Frères, si, *tout mort qu'il est, notre pasteur pouvait ainsi parler encore à son cher troupeau* (Héb. 11. 4), pendant que la prière du troupeau monte au Ciel pour le pasteur! Heureux, si de son tombeau pouvait encore s'exhaler l'édification et la *bonne odeur de J.-C.* (2 Cor. 2, 15) que répandait sa vie !

Le spectacle que nous avons sous les yeux prépare les cœurs à de favorables et salutaires impressions. Cette longue procession de la mort qui, tout-à-l'heure, sillonnait nos rues silencieuses et attristées ; cette antique basilique, après avoir vu passer tant de générations, changée encore aujourd'hui en un vaste tombeau ; ces sombres magnificences du deuil autour de celui qui présidait aux pompes brillantes de nos grandes solennités ; ce cercueil où gît l'oint du Seigneur, élevé plus haut que le trône où il s'asseyait, pour descendre bientôt dans les obscures retraites du temple souterrain ; la sainte houlette accoutumée à briller dans nos assemblées comme l'annonce du Pontife, recouverte du crêpe noir en signe du triste veuvage renouvelé une 82me fois pour l'église d'Exupère ; cette dernière bénédiction donnée à celui qui nous bénissait ; ces chants lugubres ; ces intercessions répétées en faveur de celui que nous appelions notre père en Dieu et notre intercesseur auprès de lui: tout cela ne jette-t-il pas dans l'âme une sainte mélancolie qui dispose aux grandes pensées de la piété et de la foi ?

O mon Dieu, faites à ma faible et humble parole, qui devient ici la vôtre, la grâce de seconder cette muette, mais éloquente influence ! Ah ! puisse chacun de nous sortir d'auprès de cette tombe avec la chrétienne détermination de vivre de la vie de notre saint Pontife, afin de mourir de sa mort !

C'est le but unique que je me propose dans ce discours consacré à la mémoire de très-illustre et très-révérend Père en Dieu, Monseigneur LOUIS-FRANÇOIS ROBIN, Evêque de Bayeux et Lisieux, Comte Romain, Assistant au Trône pontifical, Chevalier de la Légion-d'Honneur.

PREMIÈRE PARTIE.

Né un peu avant la terrible commotion du dernier siècle, dans un village voisin de Dieppe (1), Mgr Robin eut, à son entrée dans la vie, le plus grand des bonheurs que l'enfant puisse y rencontrer, celui de naître au sein d'une famille, non pas opulente et illustre, mais (ce qui vaut incomparablement mieux) profondément chrétienne : bonheur moins rare alors que de nos jours. Alors, en effet, les précieuses traditions des âges de foi n'avaient pas été universellement rompues ; et si la Religion avait à pleurer d'immenses défections dans les hautes régions de la société et au sein des villes populeuses, les campagnes, du moins, la grande majorité de la nation, lui étaient restées fidèles. Le mal, parti d'en haut, ne devait s'étendre que peu à peu au foyer des familles populaires et jusque dans les paisibles retraites des champs, ce dernier asile de la simplicité et de l'innocence : déplorable infiltration des doctrines mauvaises qui afflige aujourd'hui nos regards, sans toutefois, Messieurs, décourager notre espérance. Plus d'un heureux symptôme de renaissance, en effet, console l'observateur chrétien. Le mal était descendu d'en haut, le bien commence à en redescendre. Pendant que la contagion séculaire achève dans les dernières extrémités sociales sa lamentable évolution, un mouvement heureusement contraire est imprimé au monde, et sa marche lente, mais assurée, présage au moins pour nos arrière-neveux des jours plus sereins et plus purs.

(1) Bracquemont, où Mgr Robin naquit le 16 octobre 1789.

Quoi qu'il en soit, ce qui n'est plus pour nous qu'une espérance plus ou moins lointaine, fut pour celui que nous regrettons une réalité heureusement présente. Son berceau fut embaumé des vertus et des prières d'une mère vraiment digne de cette fonction sublime. Heureuse mère ! Dieu n'a pas attendu la vie future pour lui payer sa dette. Le fils qu'elle avait élevé pour Dieu, a été dès ici-bas sa couronne et sa gloire. Le Havre n'a pas oublié cette pieuse et sainte femme, qui, sans rien changer à ses modestes habitudes de village, vint passer les trois dernières années de sa vie dans le presbytère de son fils, ce pasteur environné d'une considération si haute, que rehaussait encore sa piété filiale si attentive et si respectueuse. La population était touchée et attendrie, lorsque, sur les quais tumultueux de la cité, on rencontrait le brillant et bien-aimé pasteur soutenant pieusement de son bras vigoureux la marche chancelante de sa bonne et vieille mère. Mais l'éclat qui rejaillissait de son fils sur elle ne l'attachait pas à la terre. Son cœur était déjà au Ciel ; et, comme cette sainte veuve dont parle l'Evangile (Luc I. 57), elle faisait du temple sa demeure habituelle. Ce fut là, au pied de l'autel où son fils célébrait les saints mystères, dans la nuit sacrée de Noël, que cette pieuse chrétienne reçut le coup mortel ou plutôt le signal de sa délivrance.

Mais un père, un digne père, n'est-ce pas un trésor encore plus précieux ? Que dirons-nous de celui de Mgr Robin ? Tout en un mot. Il a eu les honneurs de la prison en 93, lui homme du peuple ; et si la tête du monstre qui terrifiait alors la France ne fût pas tombée à temps au souffle de la Justice divine, Mgr Robin serait le fils d'un martyr. Nous étonnerons-nous, après cela, que ce fils, honoré du sceptre sacerdotal, ait apporté avec lui, en venant parmi nous, et déposé dans un monastère de sa ville épiscopale (1), comme une vénérable relique, le chapelet, je puis dire gigantesque (je l'ai vu), que l'honorable marin passait

____

(1) Le monastère de N.-D.-de-la-Charité, à Bayeux.

autour de son cou dans ses périlleux voyages sur les flots, et
dont il remuait les grains énormes au bruit de la tempête ?

Certes, Messieurs, j'obéis avec bonheur à cette vieille loi des
discours funèbres, qui prescrit de préluder à l'éloge du défunt
par celui de ses ancêtres. Ce sera peut-être la seule à laquelle je
serai fidèle ; mais celle-là m'a touché au cœur. Car quelle gé-
néalogie plus digne d'un Evêque ? La piété angélique d'une
mère, l'héroïque vertu d'un père, quelle noblesse plus pontificale! Sans doute l'Eglise accueille avec joie l'illustration des
grands noms quand ils sont accompagnés des grandes vertus ;
mais elle ne rougit pas pour ses princes des extractions les plus
obscures, elle qui si souvent, dans les siècles de sa souveraine
splendeur, a vu son trône suprême, la chaire de Pierre, si noblement occupé par des fils d'ouvriers et de paysans.

Le pontife futur avait à peine quitté les langes que l'antique
et majestueuse Eglise de France ne formait plus qu'une immense
ruine avec la société entière. Les pontifes et les prêtres fidèles
fuyaient, se cachaient ou mouraient, en même temps que la tête
auguste du Souverain roulait sous des mains parricides. La
première fois donc que la Religion ait pu apparaître aux yeux
du jeune Louis, ç'a été sous les vêtements du deuil, comme une
proscrite et une persécutée. Il l'a connue à la manière des premiers chrétiens, sous les menaces de mort et dans les cata-
combes, et l'on peut dire qu'il était par son enfance de l'ère des
martyrs. Or, Messieurs, qui dira les impressions profondes que
devait laisser dans une âme heureusement née, heureusement
cultivée, ce début de la vie ? Quelles solides et inébranlables ra-
cines pousse la foi, lorsque, plantée par la main d'un père et
d'une mère, elle grandit au milieu des tempêtes de la persécu-
tion! Aussi comme il aimait à rappeler lui-même, dans les jours
paisibles de sa vieillesse honorée, ces beaux dangers que son
enfance avait partagés avec les vénérables prêtres, hôtes si
mystérieusement cachés de la maison paternelle, alors qu'il
prêtait à la célébration du divin Sacrifice le secours d'une langue

à peine déliée. La foi lui avait enseigné dès lors la discrétion, un des caractères de sa vie ; et l'on pouvait sans crainte lui confier ces pieux secrets dont la violation aurait été un arrêt de mort pour ses parents et pour les prêtres qu'ils abritaient.

Cependant, Messieurs, la tempête, lasse d'accumuler des ruines sanglantes, semblait s'apaiser par intervalles. Déjà même les bras des démolisseurs de la société française s'essayaient à la reconstruction ; mais comme ils tenaient à repousser la pierre angulaire de la société, la Religion, ils bâtissaient en vain. Dieu ne bâtissait pas avec eux, comme dit le Psaume (Ps. 126) ; rien ne tenait : c'était un flux et reflux de constitutions et de gouvernements.

Mais quoi ! la France périra-t-elle entre les mains de ces empiriques ? Non ; car Dieu l'aime notre chère France, Dieu l'aime. Il l'avait déjà arrachée à la rage des bourreaux ; il la sauvera encore de l'impuissance meurtrière des sophistes et des idéologues.

Voilà donc qu'à l'appel de ce grand Dieu qu'il ignorait peut-être alors, comme l'antique Cyrus dont parle Isaïe (Is. 43, 1), se lève le redouté capitaine devant lequel doivent *être humiliées les gloires de la terre ;* pour parler encore avec le Prophète (Is. 45. 2), devant lequel doivent *tomber les murs d'airain.* C'était lui dont les mains triomphantes étaient destinées à relever les ruines du temple, à signer l'édit de rappel pour les saintes tribus dispersées dans l'exil.

Ce fut alors un grand et beau spectacle sur tous les points de notre France, mais surtout beau et grand sur le littoral de notre Normandie, lorsque les saintes légions des Confesseurs de la foi, auxquels l'Angleterre avait ouvert un sein si largement hospitalier, se hâtant de regagner le sol de la patrie si souillé, mais toujours si cher, encombraient, pour ainsi parler, tous nos ports. Qui sait si le jeune Louis n'alla pas sur la barque paternelle à la rencontre de quelqu'un de ces vénérables exilés ? Mais, du moins, quel écho trouva dans son cœur la joie que faisait éclater, au foyer domestique, le retour des saints proscrits ! Comme ce cœur généreux devait s'éveiller à la noble pensée de recueillir l'héritage sacré de leur dévoûment et de leur foi !

Il eut encore ce bonheur, mes Frères, qu'un de ces glorieux persécutés devint l'ange de son lieu natal (1), et qu'il put recevoir les premiers enseignements publics de la Religion d'une bouche bien digne de la prêcher, après avoir souffert pour elle.

Ce fut ce même pasteur qui l'initia aux premiers éléments des lettres humaines, et ouvrit ainsi, devant lui, la carrière cléricale. Il fallait songer, en effet, à se préparer des successeurs et à renouer le lien des saintes générations du Sacerdoce, interrompues pendant plus de dix années. Tout était à créer : les Barbares du dedans, plus destructeurs que ceux que le Nord avait vomis mille ans auparavant sur nos contrées, n'avaient laissé sur leur passage que de la poussière et du sang.

Dieu suscita pour le Siége primatial de la Neustrie, toujours favorisé de la Providence (faveur dont vos yeux, mes Frères, voient aujourd'hui une preuve vivante), Dieu suscita, dis-je, pour ce grand Siége un noble Prélat, dont la mémoire vivait entourée de la plus profonde vénération dans le cœur de notre évêque. Frère d'un homme qui a joué un rôle important dans ces temps orageux, le cardinal Cambacérès consacra à l'œuvre de la réorganisation ecclésiastique, et le crédit de son nom, et la vigueur de son intelligence, et toute l'énergie de sa puissante volonté.

Après la carrière des études scolaires, parcourue avec une rapidité égale au succès, avec une abondance de lauriers classiques dont notre Prélat avait conservé peut-être jusque dans ses dernières années un frais et naïf souvenir, lorsqu'il se plaisait tant à couronner les jeunes fronts ; après, dis-je, l'achèvement des humanités, âgé d'environ 16 ans, le jeune Louis Robin alla s'enfermer dans le saint asile que l'archevêque de Rouen venait d'ouvrir aux candidats du Sacerdoce.

____

(1) M. Le Roy, nommé curé de Bracquemont, en 1802.

Là, sous les ailes du Pontife, qui l'aimait comme un enfant, et qui peut-être déjà pouvait pressentir dans ses talents et ses vertus le premier suffragant de sa métropole , Mgr Robin passa les dix belles années de la vie, comme étudiant d'abord, bientôt après chargé des diverses parties de l'enseignement littéraire et philosophique.

Ce fut là , Messieurs et très-honorés Confrères (1), que notre Pontife puisa cette habitude de régularité cléricale qui ne lui a jamais fait défaut dans une vie pleine de préoccupations, qui l'a suivi jusque dans ses dernières années traversées de tant de soucis et de souffrances , jusque sur son lit de mort. Vous pourriez nous en être témoins , Filles dévouées que la bonté divine lui avait données, depuis six mois, pour ses anges gardiens et consolateurs. Oh! bénies soyez-vous , saintes Filles de la Miséricorde, vous avez adouci les dernières douleurs de notre père, vous avez droit à la reconnaissance du diocèse. Redites-nous ces beaux exemples qui vous ont tant édifiées , alors qu'il faisait de vous ses auxiliaires dans la sainte tâche de sa fidélité au réglement du séminariste. Vous l'aidiez dans ses pieuses lectures, dans les saints exercices de la méditation ; et lorsque, pendant quelque temps, la récitation du bréviaire des prêtres lui fut interdite par la maladie, il s'en consolait en prenant toute la part qu'il pouvait à la récitation du vôtre. Avec vous il aimait à répéter l'humble prière du chapelet, laquelle , si elle est la prière de l'ignorance, est autant et plus encore la prière de l'amour. A-t-il manqué un seul jour à assister au saint Sacrifice , depuis que le bonheur de le célébrer lui eut été ravi? Chaque soir encore ne se faisait-il pas porter, le pauvre évêque paralytique, aux pieds de l'adorable Captif de nos tabernacles, pour y épancher son cœur? Voilà (permettez-moi de le dire, très-honorés Confrères, c'est surtout à moi que je parle), voilà pour nous la

(1) L'orateur s'adresse aux trois ou quatre cents prêtres, accourus de tous les points du diocèse pour honorer les funérailles de leur père.

grande, la suprême leçon. Car c'est dans cette humble fidélité qui n'a rien pour les yeux du monde, c'est là où se trouve la source de la vertu sacerdotale qui sanctifie le monde. Le feu destiné à échauffer la terre s'éteindrait bientôt, si nous venions à lui soustraire l'aliment des pratiques quotidiennes du réglement. En un mot, bientôt nous ne serions plus de dignes prêtres, je l'affirme en présence et avec toute l'autorité de ce cercueil, si nous cessions d'être des séminaristes fervents.

Le mérite, toutefois, du jeune Lévite ne devait pas rester enseveli dans l'obscurité d'un séminaire. Sa vertu, affermie par dix ans de recueillement et de retraite, pouvait *briller sur le chandelier,* comme parle J.-C. (Math. 5. 15), afin d'éclairer ceux qui habitent dans les ténèbres du monde. Le Havre, l'heureux théâtre de son zèle pastoral, en conservera long-temps les monuments dans ces communautés florissantes dont il fut le fondateur et le père, dans ces riches embellissements que lui doit son église.

Toujours béni de Dieu, mais aussi toujours exact à mettre à profit le don du Ciel, Mgr Robin avait trouvé dans le pasteur vénérable, sous lequel il fit les premiers essais du ministère, un guide aussi sûr que bienveillant (1), auquel aussi le jeune vicaire, avec tout l'élan de son cœur, avait voué une affection plus que filiale. Hélas ! quel coup pour ce cœur aimant ! Le bon pasteur était en chaire, et, avec une suavité infinie, il disait à ses ouailles bien-aimées, comme S. Paul aux Thessaloniciens : *Ne pleurez pas vos morts comme ceux qui sont sans espérance.* (1. Thess. 4. 12.) Or, c'était une consolation qu'il leur adressait sur lui-même. Il n'avait pas achevé la parole qu'il s'affaisse et tombe ; déjà il était du nombre des morts. Cette accablante surprise fut bientôt une affliction universelle. Dans cette grande cité commerciale, où il semble que les affaires ne doivent laisser place à aucune autre

____

(1) M. l'abbé Paris, curé de Notre-Dame du Havre, mort subitement en chaire, au mois d'août 1826.

préoccupation, on pleura, comme si chaque famille eût perdu son chef; et dans le port, cet entrepôt des deux mondes, les navires prirent le deuil du bon prêtre.

Une telle succession était à coup sûr, Messieurs, une charge redoutable. Comment ne pas craindre, en effet, le rapprochement et le contraste qui en pouvait naître? Mais non, le fils était là, le fils qui s'était élancé presqu'aussi rapide que la mort vers la tribune sacrée où expirait le père bien-aimé. Il avait reçu ses derniers soupirs, et l'on put croire que son âme lui avait été communiquée en même temps. M. Paris avait été incomparablement aimé; M. Robin, après lui, ne le fut pas moins : d'où l'on pourrait conclure qu'il le méritait davantage encore.

Or, vous le savez, mes Frères, quand on a le cœur de son peuple, on a tout. Jamais les bourses ne se ferment pour celui que l'on aime. C'est dans cette source si honorable de l'affection de ses paroissiens que M. Robin trouva le moyen de ces grandes œuvres dont je parlais tout à l'heure. C'est de là que jaillissaient des ressources inépuisables pour toutes les infortunes. A côté des grandes richesses se trouvent toujours les grandes misères : la situation même du Havre lui en amène des deux extrémités du monde. Le curé de Notre-Dame n'avait pas, si je l'ose dire, l'égoïsme paroissial de la charité : tous les malheureux, à quelque nation qu'ils appartinssent, étaient ses paroissiens. Ainsi, que de pauvres émigrants, venus d'Allemagne chercher au Havre une voie de transport pour les plaines incultes de l'Amérique, soient retenus sur le port par la rigueur de l'hiver, en proie à toutes les privations, la charité pastorale ne les abandonnera pas. Encore une fois, ils souffrent ; ils sont donc de son troupeau. Mais leur nombre s'élève à plusieurs mille. Où trouver, où prendre pour une si grande multitude, auraient pu dire, comme les Apôtres dans le désert, ceux qui ne connaissent pas la miraculeuse puissance de la charité? Où prendre? Ecoutez : M. le curé montera en chaire; il dira deux ou trois mots à ses paroissiens, puis il passera par quelques maisons: et bientôt, la bourse

de la charité regorgeant, il sera contraint de renvoyer les offrandes qui affluent, et d'essuyer les désirables reproches que
lui adresseront ceux qui n'auront pas été visités les premiers.
(Ce fait eut lieu dans le rigoureux hiver de 1829.)

Je parlais d'émigrants et de voyageurs lointains. Le Havre en
est en quelque sorte la patrie. Parmi eux, il en était qu'attendait toujours, au presbytère de Notre-Dame, l'hospitalité la plus
dévouée et la plus cordiale : émigrants d'une espèce particulière
qui vont au bout du monde, mais avec le dessein de n'en pas re-
venir, parce qu'ils n'y sont conduits ni par la soif de l'or, ni par
l'intérêt des découvertes ; les émigrants de l'Evangile, enfin, qui
courent en répandre les lumières d'une extrémité de l'univers à
l'autre, au prix de leurs sueurs et de leur sang. O les nobles
émigrants ! Le cœur du pasteur de Notre-Dame battait à l'unis-
son du leur. Aussi, que le séjour lui paraissait court et que la
séparation était cruelle ! On eût dit qu'il ne pouvait se détacher
d'eux : il les conduisait en pleine mer, il les serrait sur son
cœur, il les priait de le bénir ; et eux, qui avaient peut-être
quitté leur famille et leur patrie, les yeux sans larmes, pleu-
raient en se séparant du curé du Havre.

Missions étrangères, ô gloire de l'Eglise catholique, ô salut
de notre France, que vous lui êtes toujours restées chères depuis qu'il fut monté sur le trône épiscopal ! Il vous a donné de
son or pendant sa vie, il vous en a laissé après sa mort ; il vous
a faites les héritières (ô la noble pensée !), il vous a faites les héritières des marques augustes de sa dignité pontificale. Oui, mes
Frères, les croix et les anneaux que nous voyions naguère
briller au cou et à la main de notre Evêque bien-aimé, brilleront
bientôt aux yeux de quelque pauvre Sauvage, et, en parlant à
ses sens étonnés, disposeront peut-être son âme à entendre parler de J.-C. De la sorte, ô notre Pontife, vous serez apôtre,
même au-delà du tombeau. Mais ce n'est pas ce que j'admire le
plus. Vous avez fait, ô Pontife sacré, à l'œuvre des missions
étrangères de bien plus généreuses offrandes que celles de l'or

et des bijoux. Vous lui avez donné ce qui vous tenait bien autre-
ment au cœur ; vous lui avez donné vos prêtres. Qui dira, en
effet, mes Frères, les nombreuses recrues que l'apostolat étran-
ger a faites dans le diocèse de Bayeux, sous l'épiscopat qui finit?
Comment oublier surtout ce large tribut que levait sur le clergé
diocésain ce prêtre vénéré, apôtre de notre contrée avant de
l'être sous un autre ciel (1), cet ami de cœur de notre Evêque,
lequel, après avoir reçu de lui, dans cette enceinte, l'onction des
pontifes, partait du sein même de notre église pour aller fonder
l'épiscopat dans l'île lontaine de la Martinique ? O souvenir
cruel ! ô mort trop impitoyable ! ô dispersion lamentable de la
pieuse colonie ! comme ont été déchirés les cœurs des deux Pontifes amis !

Mais le souvenir des missions m'a entraîné, et il m'a fait an-
ticiper sur une époque que je voulais réserver. Après avoir tracé
le rapide tableau de la vie de Monseigneur avant son épiscopat,
j'aurais à vous le peindre comme évêque, ce que je vais tâcher
de faire dans une esquisse plus abrégée encore.

(1) **Mgr Le Herpeur**, missionnaire diocésain, puis chanoine de la cathédrale de Bayeux, avant d'être le premier évêque de Fort-de-France dans la
Martinique, lequel a eu la douleur de se voir enlever par la fièvre jaune la
plupart des ecclésiastiques qui l'avaient suivi.

SECONDE PARTIE.

Notre Eglise, Messieurs, portait, comme aujourd'hui, le deuil d'un bon Pasteur. Après un épiscopat de neuf ans, l'âme généreuse et ardente d'un saint vieillard (1), confesseur de la foi aux jours de sa jeunesse, venait de nous quitter, après les affreuses tortures de la plus cruelle des agonies, souffertes pendant six semaines avec une sérénité de force que les martyrs auraient enviée.

Orphelins, Dieu nous ménageait une grande consolation. On eût dit la voix de l'ange, messager de la naissance du Sauveur, *évangélisant la joie* (Luc 2, 10), lorsque tout-à-coup la nouvelle du choix qui nous était fait se répandit sur tous les points du diocèse. Trop voisins de la ville d'où nous venait notre Pasteur pour n'avoir pas aperçu l'auréole d'amour qui le couronnait, les larmes qui coulaient au-delà de la Seine devenaient pour nous un puissant motif de l'allégresse la plus vive.

Vous n'avez pas oublié, mes Frères, quelle fut votre impression à tous, à l'arrivée du nouveau Pontife. Ce front ouvert et serein, cet épanouissement d'une physionomie franche, cette affabilité qui respirait dans tous ses traits, ce sourire affectueux..... est-ce trop de dire que sa vue enlevait dès l'abord tous les cœurs, et qu'on sentait à sa présence circuler dans les veines, si j'ose ainsi parler, une sorte de béatitude ?

A la joie de la possession nous pouvions joindre celle d'une longue espérance. Hélas ! eussions-nous jamais cru que la jouissance dût être bornée en-deçà de vingt ans ?

(1) Mgr Dancel.

Mais sous l'apparence d'une santé si florissante se cachaient les germes d'une trop prompte désorganisation. Et ces germes, mes Frères, savez-vous qui les avait déposés dans sa constitution puissante? C'étaient (il y a lieu de le croire, du moins) deux actions admirables de charité et de religion.

Appelé, au milieu de la nuit d'une saison rigoureuse, au chevet d'un malade, il y court avec cette vivacité qu'inspire un danger pressant. Déjà il était tout en sueur : pour abréger sa course et s'épargner un long circuit, il se jette dans une barque qui doit le porter à l'autre bord ; c'est là qu'habite le malade : mais la barque fait eau, et sa sueur brûlante s'éteint dans un bain glacé. Ce fut le principe d'une maladie grave, et depuis, à chaque anniversaire de cette action du bon Pasteur, des douleurs analogues venaient lui en rappeler le souvenir. Il y a moins d'un an, mes Frères, que je recueillais ce récit de sa propre bouche; mais avec quel accent de modeste abnégation !

L'autre fait est marqué au coin d'un tel héroïsme qu'il étonnerait même dans la vie des Saints proposés aux hommages publics de l'Eglise. Mais j'éprouve un embarras extrême à vous en faire le narré : tant sont vives les répugnances qu'il peut soulever chez les imaginations même les moins susceptibles. Toutefois, il est la preuve d'une foi si haute et si forte que vous me pardonnerez, j'espère, de braver cette susceptibilité. Voici donc le fait.

Notre Pasteur venait de porter à un pauvre moribond le viatique de l'éternité. Les saintes espèces sous lesquelles se cache le divin Rédempteur étaient à peine descendues dans la poitrine du malade qu'elles en sont rejetées, et l'adorable Sacrement gisait sur le pavé de la chambre dans un état que je me garderai bien de décrire. Que fera, mes Frères, le pieux ministre de l'Eucharistie? Que fera-t-il? Il s'agenouille, il se baisse vers l'adorable Sacrement, il en approche sa bouche, il . . . . . je n'ose achever. Et ce que je n'ose dire, il le fait. . . . . J.-C. n'est plus sur le pavé de la chambre, il est dans la poitrine de son prêtre ! ! ! Mais la foi qui triomphe des répugnances de la nature n'empêche pas de les sentir. Tout l'organisme frissonna d'une horreur involontaire. Qui sait d'ailleurs si, par l'acte sublime de sa foi, le héros chrétien ne s'était pas inoculé le principe du mal qui consumait le moribond ? Bientôt en proie à une fièvre dévorante, le sang s'altère et se corrompt ; et les humeurs viciées ayant envahi la main , le pouce droit se putréfia sous leur action délétère. Pour le sauver, il fallut avoir recours au fer et en sacrifier une phalange. Ne l'aviez-vous pas remarqué, mes Frères, ce pouce de notre Pontife, mutilé et difforme ? Oh ! la glorieuse cicatrice ! Le soldat est fier des blessures qu'il a reçues sur le champ de bataille ; quelle n'aurait pas dû être aussi la fierté du ministre de J.-C. , si la même foi qui conseille l'héroïsme ne prescrivait pas l'humilité ! Mais comme il était digne, mes Frères, ce pouce droit, si noblement mutilé par la foi, de se plonger dans l'huile sacrée de la Confirmation , et de marquer les fronts du divin signe de la force chrétienne !

Ainsi il apportait avec lui le principe du mal qui devait bientôt nous l'enlever. Les violentes et bruyantes secousses de la poitrine montraient d'avance l'endroit que la Mort avait choisi. Mais, ô Mort ! recule-toi un peu, et, avant de couronner ses vertus, laisse-nous les considérer quelques instants.

Il était impossible, Messieurs, que toute la suite de son administration épiscopale ne portât pas l'empreinte de ce qui faisait le fond même de sa nature, la bonté et l'indulgence. Quelle était sa lenteur à croire le mal, sa répugnance à lever la verge de l'autorité, sa facilité à accueillir le repentir ! Sachant que celui qui a la charge redoutable des âmes marche toujours entre deux écueils, la mollesse qui nourrit les abus, la dureté qui tue les bons désirs, et que, si le devoir consiste à les éviter également, il est pourtant comme impossible , dans la pratique de la vie, à l'infirmité humaine de s'écarter de l'un sans s'approcher de l'autre, son bon cœur lui persuadait qu'il aurait moins à craindre le tribunal divin, au jour, si terrible pour tous et plus encore pour les pasteurs, de la grande reddition des comptes éternels, s'il pouvait présenter à Dieu la miséricorde exercée comme un titre à celle qu'il attendait. Je me souviens ici, mes Frères, que tel était l'esprit de saint François de Salles : il penchait toujours vers l'indulgence, au risque d'encourager parfois l'impunité. Son frère, plus rigoureux, lui en adressait quelquefois d'assez vifs reproches ; mais le bon saint demeurait incorrigible, disait-il.

A l'exemple de ce modèle canonisé des évêques, Mgr Robin, se regardant comme le père de tous ses diocésains, et plus encore de ses prêtres, ne pouvait se persuader que la paternité dût se manifester par la rigueur. Pénétré de cette pensée du prince des Apôtres (1 Petr. 5. 3.), que la *domination* ne convient pas à une puissance qui repose sur la charité, ce n'était qu'avec une extrême réserve qu'il usait des droits de sa dignité, principalement de celui que confère à nos évêques, sur la portion la plus nombreuse des pasteurs, la Constitution présente de l'Eglise de France plutôt que les règles générales de la législation canonique. Or, rien n'est plus puissant qu'un pouvoir aimé : la modération dans le commandement, loin de l'énerver, le fortifie, en inspirant aux subordonnés une docilité affectueuse. Dirai-je que tel est le caractère du clergé de Bayeux ? La modestie m'arrête et la vérité m'y force. Pour s'affermir dans sa politique paternelle, si j'ose ainsi m'exprimer, notre vénéré défunt aimait à considérer ce fonds de mansuétude qui a toujours régné dans les Codes et dans les tribunaux ecclésiastiques, et dont la sainte Eglise romaine, la mère et la maîtresse des autres, est restée jusqu'à nos jours un si touchant modèle. Ah ! disait-il encore quelquefois, si J.-C. avait eu cette sévérité devant laquelle toute prévarication est irrémissible, que fût devenu saint Pierre, le premier des Papes, après l'indigne lâcheté de sa triple apostasie ?

Sa vie, si constamment irréprochable, semblait lui conférer pourtant le droit d'être sévère ; mais l'humilité chrétienne dont

son ame était pénétrée venait encore en aide à sa bonté natu-
relle.

Il n'est pas d'or si pur où ne se rencontre de l'alliage. Il faut
bien que l'humanité se révèle par quelqu'imperfection : la va-
riété des défauts, voilà toute la différence d'homme à homme.
Rien donc de plus injuste que d'exiger d'un autre ce que nul de
nous ne peut offrir, un modèle sans tache, un idéal devenu réel.
Pensée profondément chrétienne, qui éloigne l'aigreur et dispose à l'indulgence en entretenant l'humilité.

D'où vient cependant, Messieurs, que rien ne nous coûte tant
que de reconnaître nos torts, et qu'un aveu qui nous devrait
être si naturel, celui d'avoir failli, nous est pourtant si pénible ?
Cette difficulté, notre bon et humble Prélat ne la connaissait
pas. Avait-il cédé aux mouvements d'une vivacité, compagne
ordinaire du bon cœur, et que pouvait aigrir parfois son état
habituel de souffrances, peut-être aussi ces soucis secrets et
cruels qui changent si souvent la mitre en une couronne d'épines;
craignait-il, dis-je, d'avoir fait quelque blessure, la réparation
ne se faisait pas attendre, et l'on voyait l'application de cette
parole du Saint-Esprit, que *le juste est facilement son propre
accusateur* (Prov. 18. 17.) Accusation que nous l'avons entendu
renouveler encore sur son lit de mort. Dans quels termes ? Une
humilité qui nous confondait en nous attendrissant les lui sug-
gérait ; le respect dû à sa vertu autant qu'à sa dignité ne nous
permet pas de les reproduire.

Pourquoi rappellerai-je ce dont nous avons tous été témoins,
prêtres et fidèles? Son assiduité à tous les exercices publics, non-
seulement du culte obligatoire, mais des réunions pieuses les
plus humbles ; se confondant avec la foule lorsque la solennité
n'exigeait pas qu'il occupât son siége d'honneur. Les vertus
d'éclat ne sont pas toujours les plus brillantes devant Dieu : les
pratiques de piété obscures, simples, unies et petites, voilà
celles qui méritent surtout ses regards. Du reste, Messieurs, on
ne s'avilit pas, quel que l'on soit ; mais on grandit, quand c'est

devant Dieu qu'on s'abaisse. Dirai-je encore comme il aimait à se réunir à ses prêtres dans ces retraites sacerdotales qu'il avait tant de zèle à nous procurer, et qu'il présidait bien plus par sa ponctualité que par son autorité ?

Quelle était sa condescendance à prêter le concours de sa présence aux plus modestes solennités des moindres villages! Il était manifeste qu'il craignait moins d'ôter quelque chose au prestige de sa dignité, en la prodiguant un peu, que de contrister le dernier de ses frères dans le sacerdoce par le refus d'une satisfaction désirée.

Comme il était heureux de ménager quelqu'une de ces surprises délicates où se révélait son cœur! Permettez-moi, mes Frères, d'en citer un seul trait, et que la simplicité vénérable de la vie que je raconte autorise ou du moins excuse la simplicité peut-être trop vulgaire de mon discours.

Le curé d'une petite paroisse peu distante de la ville épiscopale lui avait demandé la faveur de lui amener dans sa chapelle, pour y recevoir la Confirmation le lendemain de leur première Communion, quelques pauvres enfants qui se préparaient à ce grand jour. Le bon Prélat y consentit sans peine; rien de plus ordinaire. Mais, le matin du jour de la première Communion (c'était dans la saison pluvieuse), il se dit que ce serait une fatigue pénible aux enfants, et peut-être au pasteur, que de se transporter le lendemain, sous la pluie qui tombait, au palais épiscopal. Le voilà donc qui se met en route lui-même, arrive tout à l'improviste au commencement de la cérémonie, distribue le Pain sacré à la petite troupe d'enfants, leur impose les mains, puis repart heureux d'avoir fait plaisir, en laissant le curé et les paroissiens attendris de tant de bonté. En vous citant ce trait, j'ai acquitté, mes Frères, une dette toute personnelle.

M'étendre sur la charité du Prélat, ce serait la plus inutile des entreprises. Dans quelle bouche, en effet, ne se trouve pas cette louange, qui n'est jamais plus flatteuse et plus noble que lorsqu'à force d'être répétée, elle est devenue plus commune et plus vulgaire ? Mais on ne sait pas tout, hélas ! et plus d'une indigence honorable, cachée sous un extérieur d'aisance, n'osera pas avouer toute l'étendue de sa perte. O pauvres, comme il vous avait aimés pendant sa vie, il vous a *aimés jusqu'à la fin* (Jean 13. 1), et, en cœur chrétien, il vous a fait une large place dans l'acte solennel de ses dernières volontés parmi ses meilleurs amis! Il a voulu même (et vous n'apprendrez pas sans attendrissement une bonté qui ne craint pas de descendre aux plus humbles détails, parce qu'en effet la charité rehausse tout), il a voulu pourvoir, dans deux asiles de l'indigence, par un legs important, à des besoins qui, pour être factices, n'en sont pas moins impérieux (1).

Comment ne se serait-il pas attendri sur les privations que l'infirmité ou la vieillesse apporte si souvent à ceux qu'il appelait ses chers coopérateurs, comme une récompense d'une vie de dévoûment et de sacrifice? Aussi, dès la deuxième année de son épiscopat, il avait fondé, pour les *prêtres âgés ou malades,* cette caisse de secours qu'il aimait à regarder comme une des gloires les plus douces de sa vie d'évêque.

Du reste, nous l'avons vu ici tel qu'il avait paru au Havre. Jamais exclusif dans sa charité, il mettait son diocèse au service de toutes les bonnes œuvres. Saints et honorables mendiants qui tendez la main pour Dieu et pour ses œuvres, accourez de toute nation et de tout climat au diocèse de Bayeux, toujours vous y serez les bien-venus. Là jaillit une bienfaisance inépuisable, parce que là bat le cœur large et généreux d'un évêque vraiment catholique. Vous en êtes témoins, humbles habitants des déserts de la pénitence, qui avez trouvé ici de si abondantes ressources pour relever vos ruines (2); et vous aussi, prêtre vénérable et persécuté du Liban, qui, de retour parmi les

---

(1) Le Prélat lègue 4,000 fr. aux deux hospices de Bayeux et de Caen, pour fournir du tabac aux pauvres vieillards de ces établissements.

(2) Les Trappistes de Bricquebec.

vôtres, avez pu écrire à notre Evêque que son nom était *un parfum sur vos saintes montagnes* (1); et vous, plus que tous les autres, successeur d'Ignace le martyr, sur le trône patriarcal d'Antioche, et martyr vous-même (2), que notre Pontife, infirme, accueillit avec tant de vénération, et auquel, malgré la dureté des temps, il ouvrit avec empressement toutes les villes de son diocèse! Ah! mes Frères, c'est que Mgr Robin savait qu'il en est de l'art de donner comme de tous les autres : on l'apprend en l'exerçant. L'aumône facilite l'aumône ; les ressources ne s'épuisent jamais, quand la charité s'accroît. Comme il était prompt à donner, il demandait sans crainte. En un mot, il vous mesurait à son cœur, chers habitants de son diocèse, et, Dieu soit loué! cette mesure ne s'est pas trouvée fausse. Toujours son appel a été entendu, et combien de fois ne vous l'a-t-il pas adressé! Soit que la terre tremble aux Antilles , soit que les fleuves se débordent dans nos provinces , soit que la famine décime la malheureuse Irlande, soit que l'émeute, chassant de sa capitale le Père des chrétiens, l'ait réduit au pain de l'aumône sur la terre d'exil; soit que nos tristes discordes, par l'interruption des travaux , propagent la misère..... Quand aurai-je tout dit ? Mais le dernier cri de sa confiance dans votre générosité, puis-je l'oublier, mes Frères? Le triste état du temple où je vous parle ne le permet pas.

Ah! je touche ici à une des grandes plaies de son pontificat. Lui qui, pendant son règne pacifique et fécond, avait vu s'élever, dans l'étendue de son diocèse, tant de temples nouveaux qu'il était si heureux de bénir et de consacrer à la gloire du Seigneur, il aimait à arrêter sa pensée sur ce mouvement religieux par lequel notre siècle ressemble, en quelque chose, aux grands âges des constructions chrétiennes.

Mais voilà que l'église-mère, celle qui porte au front avec

(1) Le R. P. Azar, Maronite.
(2) Mgr Samhiri, Patriarche d'Antioche des Syriens.

le diadéme de l'autorité, on peut bien le dire, celui de la beauté et de la grace, voilà qu'une terrible menace de mutilation pèse sur elle. Déjà, malgré mille efforts infructueux pour la sauver, le marteau de la démolition l'a touchée à la tête. Douloureuse coïncidence! L'époux, pour me servir de ces expressions consacrées par nos saints livres, l'époux est frappé en même temps que l'épouse. L'époux, vous comprenez! c'est le pontife, car il y a un mariage sacré entre lui et son église, et voilà pourquoi il porte au doigt la bague de l'alliance. Ainsi une double douleur pesait sur le diocèse. Mais, ô retour inattendu! bénédiction d'en-haut! alors même que tout paraissait désespéré pour notre vieille basilique et qu'il ne nous restait plus, ce semble, qu'à baisser la tête et à gémir sur ses ruines, l'arc-en-ciel de l'espérance a lui. Mon Dieu, bénissez tous ceux qui, à quelque degré que ce soit, ont été vos instruments dans cette belle œuvre. Et vous, ô Pontife, quelle consolation pour vos derniers mois que cette espérance! O Pontife vieilli avant le temps et à demi en ruine sous la main de la paralysie, élevez donc encore une fois la voix pour votre église, vieille aussi et à demi en ruine. De si touchantes harmonies trouveront des cœurs qui les comprennent, et, sur votre tombe, ô Pontife bien-aimé, se relèvera plus splendide que jamais la couronne de N.-D. de Bayeux.

Un autre monument portera votre nom aux générations les plus reculées (1). Voilà, en effet, qu'à côté du palais champêtre de vos augustes prédécesseurs, s'est élevé le gracieux palais des jeunes philosophes de l'Eglise. Des mains habiles et dévouées, qu'a soutenues votre protection, achèveront l'œuvre commencée sous vos auspices, et bientôt les élèves et les successeurs du prince de la philosophie chrétienne (St Thomas d'Aquin), dignes de leur siècle par leurs connaissances, pourront prier sous les

____

(1) La Maison des philosophes, construite à Sommervieu, ancienne campagne des évèques de Bayeux.

voûtes d'un temple digne du sien (1) par son élégance et par sa pureté.

Je me hâte, car je sens qu'il faut finir. Mais n'aurai-je pas au moins une parole pour cette modération de conduite, pour cette prudence d'administration, qualités plus désirables peut-être que les dons brillants, mais quelquefois si périlleux, d'une initiative ardente ? L'élan du génie, dans le gouvernement des hommes, doit souvent céder le pas au tact exquis d'un bon sens calme et prévoyant. Avec quel bonheur notre pilote sacré a su guider la barque confiée à ses soins, au milieu de ces courants politiques aussi rapides que changeants, et dont les mouvements si brusques pouvaient déconcerter la vigilance la plus expérimentée ! N'avons-nous pas traversé, sous sa sage conduite, avec la tranquillité d'une sérénité sans nuages, ces tempêtes fougueuses qui poussaient les flots jusqu'au Ciel et mettaient à nu les dernières profondeurs de l'abîme, alors que les trônes tombaient et que la société chancelait sur ses bases ?

Mais il y a pour les évêques un devoir suprême, le plus noble, le plus glorieux de tous, comme aussi le plus indispensable et le plus sacré. Quel est-il, mes Frères ? Celui de gardien de la foi. Oui, défendre ce dépôt sacré, en repoussant les nouveautés profanes qui, sous le masque de la piété elle-même, tentent d'en altérer la pureté, voilà l'objet de la suprême vigilance des premiers pasteurs. Mgr Robin n'a pas failli à cette grande obligation : souvenir qui ne peut être effacé de vos esprits. Un de ces prophètes trompeurs contre lesquels nous prémunit l'Evangile (Math. 7. 15.) s'était levé parmi nous, et déjà les visions menteuses de son cœur commençaient à semer la séduction parmi les âmes simples et crédules (2). Le Pontife, sentinelle de la foi, ne s'endormit pas ; il démasqua et condamna l'erreur. Sa docte

______

(1) La charmante chapelle gothique qui s'élève sous l'habile direction de M. l'abbé Noget, supérieur de la Maison des philosophes.

(2) Le faux prophète, Pierre Vintras, qui, originaire du diocèse de Bayeux, commença à y répandre ses erreurs.

censure, confirmée par le Pasteur des pasteurs, enlevant toute excuse à la bonne foi, donna un coup mortel à la secte ténébreuse. Et lorsque, dans ces dernières années, l'on vit les évêques réunis en Conciles avec la liberté des anciens jours, il eut la gloire d'avoir fourni des armes aux défenseurs de la foi et de voir sa sentence répétée par tous ses frères dans l'épiscopat.

S'il a été fidèle à défendre la foi, il n'a pas été moins fervent à propager la piété. Comme il a favorisé les travaux apostoliques des missions, des retraites, des jubilés, couronnés de si consolants succès ! Et cet apostolat permanent des admirables fils de saint Vincent de Paule, le plus efficace des apostolats, parce qu'il est celui de la charité, avec quelle faveur il l'avait reçu dans son diocèse, avec quel amour il le bénissait, avec quel zèle il le propageait ! Les communautés religieuses, ce levain des bénédictions les plus variées, n'avaient jamais été ni plus florissantes ni plus régulières. L'Angleterre s'est enrichie de notre abondance, et un essaim de vierges, bénies par notre Pasteur, a entrepris d'y réveiller la vraie foi par le spectacle du dévoûment catholique (1). Toutes les œuvres nouvelles qui germent et naissent dans l'Eglise comme des plantes sacrées dont le parfum la sanctifie, nulle part n'ont eu, plus que dans ce diocèse béni du Ciel, une végétation abondante et riche en fruits de salut. L'œuvre régénératrice de l'instruction primaire, commune à deux diocèses (2), n'a pas trouvé ses moindres secours dans le nôtre, et déjà nous commençons à en goûter les heureux résultats. Dans un degré plus haut d'instruction, le Pontife n'a refusé ni son patronage, ni ses prêtres, à ces institutions précieuses nées d'une sainte liberté, et où la religion peut déployer toute son influence (3). Comme il eût désiré voir disparaître la lèpre affreuse qui nous ronge : la profanation du saint repos ! Du moins, plus

(1) Orphanat de Norwood.
(2) L'établissement des Frères instituteurs de Tinchebray.
(3) Les colléges libres de Sainte-Marie et de Sainte-Croix.

d'une fois il a élevé sa voix paternelle contre un si déplorable scandale ; il a appuyé de sa protection les saintes associations établies pour le combattre. Avec quelle tendre complaisance il travaillait à l'œuvre si touchante de la Sainte-Enfance, ce portique gracieux du grand et majestueux temple de la Propagation de la Foi, objet spécial de son amour !

Quand aurai-je tout dit ?

Mais comment me taire sur sa tendre dévotion envers la Ste Vierge, cette dévotion des prédestinés ? Elevé dans la confiance naïve qu'ont pour l'Etoile de la mer ceux qui en affrontent les tempêtes, il estimait un rare bonheur de l'avoir toujours eue pour patronne dans les diverses phases de sa vie pastorale. Comme il favorisait tout ce qui pouvait accroître son culte ! Pieux associés de l'Immaculé-Cœur de Marie, vous perdez dans Mg^r Robin le premier de vos confrères. Et vous, si fidèles aux pieux rendez-vous du Mois de Marie, l'absence du Pontife vous dira qu'il n'est plus d'ici-bas. Mais quelle fut sa joie, il y a un an, lorsque le Pontife suprême, après une patiente étude des traditions catholiques, après la consultation universelle de ses frères dans l'épiscopat, posa enfin pour jamais sur la tête de Marie la blanche couronne du lys immaculé, en inscrivant parmi les dogmes chrétiens la croyance toujours vivante dans l'Eglise de sa conception sans tache ! Un de ses vœux les plus chers était accompli, et il ne lui restait plus que d'aller voir dans le Ciel ce mystère de pureté qu'il avait été si heureux de croire sur la terre.

Pourrais-je vous oublier, en finissant, pieux établissement de *l'Adoration perpétuelle ?* Vous êtes l'œuvre de sa dernière année; êtes-vous la moins excellente de son pontificat ? Quelle autre a été plus bénie du Ciel et l'a comblé de plus larges consolations ? Par vous, l'année tout entière est devenue, dans l'étendue du diocèse, une Fête-Dieu incessante, fête chômée avec ferveur et qui paie de tant d'amour l'Amour infini !

En vain nous voudrions reculer le moment lamentable de la

séparation : tant de bonnes œuvres hâtaient celui de la récompense !

Ainsi, alors même que l'amour filial, toujours prompt à accepter les illusions qui le flattent, croyait apercevoir dans la santé du Pontife une amélioration si désirée, le dernier signal du départ était donné. Le Pontife entendit le signal qu'il attendait depuis six mois de souffrance, et auquel l'avait préparé la plus angélique résignation. Pendant cinq jours, il s'est tenu face à face avec la mort, sans le secours d'aucune de ces vaines espérances par lesquelles la plupart des moribonds adoucissent ce qu'un tel vis-à-vis a d'accablant pour la nature. Doucement abandonné entre les mains de Dieu, calme comme la brebis sous le couteau du sacrificateur, il a regardé venir le coup et n'a pas fait le moindre mouvement pour le détourner. Avec quel saint empressement il a réclamé ces derniers secours de la religion dont l'annonce fait pâlir les mondains, et qu'il faut leur envelopper sous tant de voiles ! Avec quelle piété il les a reçus ! mais piété simple et tranquille, sans démonstrations et sans faste. Comment vous représenter sa placidité en offrant chacun de ses membres à l'onction des mourants, son ton de conviction forte et candide quand il a rendu compte de sa foi, sa componction en répétant la formule de la confession publique, mais surtout l'accent de confiance pénétrante avec lequel il a prononcé le dernier verset de l'hymne des grandes actions de grâces : *In te, Domine, speravi, non confundar in æternum !* Les saintes cérémonies qui préparent au voyage suprême étaient achevées. Mais le Pasteur n'aura-t-il pas quelques mots pour son troupeau bienaimé ? Oui, mes Frères. Il nous regarde donc, nous qui pleurions autour de sa couche funèbre ; et, faisant un effort sur son épuisement, d'une voix oppressée et haletante il nous chargea, mes Frères, de vous transmettre ce dernier adieu. Heureux de nous acquitter d'une commission si douce, malgré les larmes dont elle gonfle notre cœur, nous vous le répéterons littéralement et dans son onctueuse simplicité : *Dites à mes chers diocésains que je les emporte tous dans mon cœur, et que, si Dieu me fait la grâce de m'admettre dans son saint Paradis, je m'efforcerai de les y attirer tous.* Adieu, mes Frères, bien digne d'emporter au Ciel l'âme du bon Pasteur, mais aussi bien plein d'espérance pour nous qui restons sur la terre.

O saint Pontife, vous tiendrez votre promesse, vous nous attirerez après vous. Et nous, mes Frères, nous suivrons le saint appel de son amour. Pleins de mépris pour tout ce que la mort doit enlever, nous nous établirons dans le calme d'une conscience droite et pure : vrais chrétiens, vrais prêtres, fidèles imitateurs de la foi de notre Pontife, un jour nous lui serons réunis, et ce sera bientôt, Messieurs, bientôt, car la vie n'est qu'un songe.

Caen.—DELOS, imp. de Mgr l'Evêque de Bayeux et de Lisieux, cour de la Monnaie.

www.ingramcontent.com/pod-product-compliance
Lightning Source LLC
Chambersburg PA
CBHW061137050726
47594CB00005B/2250